I0000936

$\overset{S^{l}}{L\,b}$ 1748.

COUR D'ASSISES

DU LOIRET.

Seconde session extraordinaire.

AFFAIRE DE MM. Louis et Maxime De la SORINIÈRE,

GAUDIN et autres,

RELATIVE AUX TROUBLES DE L'OUEST.

ORLÉANS,
IMPRIMERIE DE GUYOT AINE.

MARS 1833.

Lb 51/1748.

COUR D'ASSISES DU LOIRET.

SECONDE SESSION EXTRAORDINAIRE.

AFFAIRE

DE

MM. LOUIS ET MAXIME DE LA SORINIÈRE, GAUDIN ET AUTRES,

Relative aux troubles de l'Ouest.

Audience du 15 mars 1833.

LA cour entre en séance à dix heures et demie. L'auditoire est garni d'un grand nombre de spectateurs, parmi lesquels on remarque beaucoup de dames.

La cour est ainsi composée :

Président, M. BOYARD.

Assesseurs, MM. HUTTEAU et FOUGERON.

Assesseur suppléant, M. COTELLE.

Avocat-général, M. LAISNÉ DE SAINTE-MARIE.

Le jury est composé de MM. *Perrot*, propriétaire, de Pithiviers. — *Desbois*, notaire, de Jargeau. — *Collet*, officier de santé, de Vrigny. — *Suppliciau-Vivien*, marchand de faïence, d'Orléans. — *Gallien*, tanneur, de Château-Renard. — *Saintoin*, confiseur, d'Orléans. — *Pichot*, marchand, de Pithiviers. — *Houssard*, corroyeur, d'Orléans. — *Bezard-Nouvellon*, épicier, d'Orléans. — *Laillette*, propriétaire, de Pithiviers. — *Lecesne*, propriétaire, de Manchecourt. — *Couillard aîné*, négociant, d'Orléans.

Juré supplémentaire. — M. *Chapellier-Brierre fils*, tanneur, de Pithiviers.

Les accusés, au nombre de 15, sont introduits. Leur présence excite le plus vif intérêt ; leur attitude est pleine de calme. MM. Louis et Maxime de la Sorinière, frères jumeaux, âgés de 19 ans, vêtus de la même manière et d'une ressemblance parfaite, sont introduits les premiers. Auprès d'eux viennent se placer, dans l'ordre suivant, MM. Gaudin, neveu de Cathelineau, *mort assassiné*, Collet, Gourdon, Lusson, Briffaut, Clémot, Véron, Collineau, Maillet, Brouard, Blond, cousin de Cathelineau, Raimbaut et Bruneau, tous habitans des communes de Chémillé, Neuvy, Meslay, etc.

Les défenseurs sont : Mᵉ Janvier, Mᵉˢ Des Portes, de La Taille, Daudier, Auguste Johanet, du barreau d'Orléans, et de Saint-Vincent, du barreau de Blois.

L'acte d'accusation comprend les noms de MM. d'Autichamp, Ducan frères, de la Pommelière, de la Béraudière, de Caqueray, de Vibraye, Leleu, de Bouillé, et les deux fils de Cathelineau.

On appelle les 27 témoins. Plusieurs sont absens ; mais la cour, après en avoir délibéré, décide qu'il sera passé outre aux débats.

On commence l'interrogatoire des accusés.

Le jeune Louis de la Sorinière répond avec fermeté qu'il a fait partie de la bande pendant huit jours, et qu'il s'est battu aux affaires du Pin-en-Mauge et du Mont-Jean..... Il raconte qu'il a fait sa soumission le 18, dans les mains du commandant Grandcour, qui l'a assuré qu'il pouvait rentrer tranquille dans ses foyers ; et cependant, le 21, lui et son frère furent arrêtés sans aucune espèce de mandat d'amener.

Mᵉ Janvier : Cela n'est pas étonnant, car pendant quatre mois, dans la Vendée, on a souvent arrêté les citoyens dans leur domicile, sans mandat, sans aucun ordre émané de l'autorité.

M. l'avocat-général : Vous avez assisté aussi à l'affaire de la Grande-Roche ?

M. Louis de la Sorinière : Oui , monsieur.

Me Janvier : Il a été à toutes les affaires , il s'est bien battu....

M. Maxime de la Sorinière répond tout-à-fait dans le même sens que son frère ; tous les deux nient avoir enlevé la caisse du percepteur et maltraité des soldats.

M. Gaudin répond qu'il n'a assisté à aucun engagement, et qu'il s'est seulement rendu par curiosité à un rassemblement qui s'est formé auprès de l'habitation de son oncle Cathelineau , chez lequel il se trouvait en ce moment en convalescence.

Quant à l'accusé Collet , il nie avoir assisté à aucun rassemblement , et les pièces qui le concernent ayant été perdues, on n'insiste pas davantage à son égard.

Gourdon avoue qu'il a assisté à deux affaires où son frère a été blessé ; mais il a fait sa soumission au commandant Grandcour, et il a refusé, dans les premiers interrogatoires, de répondre, répétant qu'il n'avait autre chose à dire sinon qu'il avait fait sa soumission.

Lusson a assisté à l'attaque de la Grande-Roche ; il n'a pas vu distribué d'armes, il n'a pas connu les chefs ; il avoue avoir pris une arme au château de M. de la Bérandière.

Clémot, vétérinaire, est entré dans la bande le 3 juin. Il n'avait point d'armes, à l'exception d'un pistolet, et n'avait pas de grade ; il s'est retiré après l'affaire du Mont-Jean. Les bandes ayant repassé dans la commune, il est reparti avec elles parce qu'on le traitait de déserteur : il a reçu 2 fr. en deux fois.

Véron est entré dans la bande le 6. Il a servi autrefois dans l'armée d'Autichamp , et y a été blessé ; il avait , pour ce motif, une pension de 200 fr. ; il n'avait pas de grade. Il a été capitaine en 1815. Il ne s'est trouvé qu'à la Grande-

Roche ; il a monté le cheval et porté les armes de M. de la Pommelière. Il a fait sa soumission, et a reçu un sauf-conduit du général Ordener.

Collineau est entré le 5 dans la bande. Il nie avoir eu aucun grade. Il n'a connu ceux qu'on a appelés les chefs, que quand il s'est trouvé en prison avec eux. Il nie avoir dit dans un interrogatoire que les deux frères de la Sorinière étaient chefs. Il a fait sa soumission, et a reçu un sauf-conduit du général Ordener.

Jean Maillet est parti, excité par plusieurs individus armés ; il n'a eu un fusil que pendant un ou deux jours. Il n'a pas vu maltraiter les prisonniers militaires.

Brouard a reçu d'un inconnu deux billets, avec invitation de les faire passer à M. Camille Leleu. Il ne savait pas ce qu'ils contenaient. Il n'a assisté à aucun engagement, et il se plaint d'avoir été mis en prison malgré la promesse de mise en liberté qu'on lui avait faite, après avoir avoué qu'il avait porté cette dépêche.

Blond. On est venu le chercher au Pin-en-Mauge, où la bande, composée de 120 individus, a passé, et il a marché parce qu'on lui a dit que tout le monde se soulevait. Il n'a pas eu connaissance de l'enlèvement de la caisse du percepteur. Il ne connaissait pas les chefs. Il s'est rendu, après des promesses formelles et la *parole d'honneur* du maire et du sous-préfet ; il a été arrêté quinze jours après.

Raimbaut a eu une pension de 5o fr. après les cent jours. Il s'est laissé entraîner par une douzaine de chouans. Il n'a reçu avant aucun ordre. Il n'a été armé qu'au Pineau, d'un fusil de calibre, et n'a pris part qu'à l'affaire de la Grande-Roche ; ensuite il a jeté ses armes dans un champ, puis il a fait sa soumission.

Bruneau n'a jamais eu d'armes, excepté un pistolet pendant deux jours. Il est parti, *comme tout le monde,* avec un bâton ; il ne s'est battu dans aucune rencontre.

On passe à l'audition des témoins.

Le premier témoin, Brioud, médecin, commence par déclarer qu'il ne sait rien contre ou pour MM. de la Sorinière ; qu'il a seulement entendu parler, comme tout le monde, de la dernière insurrection. M. le président Boyard insiste pour que le témoin donne beaucoup de détails ; il lui demande surtout s'il n'a pas connaissance des proclamations répandues dans la campagne ; et à ce sujet, il croit devoir lire une proclamation de la duchesse de Berri, dans laquelle on parle surtout de la gloire de l'expédition d'Alger méconnue.... M. Brioud déclare avoir vu une liste de chefs ; mais le nom d'aucun des accusés ne figurait dessus.

Le second témoin, Chauveau, dépose des faits relatifs à l'enlèvement de la caisse du percepteur, chez lequel il s'est trouvé.

M. le président, usant de son pouvoir discrétionnaire, donne lecture des deux dépositions du sieur de Jonzières, percepteur à la Pommeraye, et de sa femme.

L'huissier déploie, un moment après, un drapeau blanc sur lequel sont écrits en lettres d'or ces mots : *Gloire à Dieu ! honneur et paix à la France ! ! !*.... (Sensation marquée dans tout l'auditoire.)

Le nommé Vrennier, sergent au 29e de ligne, donne les détails d'une rencontre où quelques prisonniers ont été faits de part et d'autre.

Auguste Imbert, caporal, dépose de faits concernant son arrestation et sa captivité, pendant laquelle il a reçu un coup de crosse de fusil accompagné de menaces. Plusieurs chouans l'auraient même menacé de le fusiller...... Ce fut alors que l'accusé Blond couvrit de son corps le caporal Imbert....

A ce sujet, le président demande au témoin comment il se fait que dans sa déposition écrite il ait indiqué l'accusé Blond sous le nom de *Tartuffe armé*.... Imbert répond vivement : « *Je ne l'ai jamais dit : au contraire, je lui dois*

la vie, et je suis prêt à donner la mienne pour lui ! »
(Approbation dans toute la salle.)

Quelques autres témoins font des dépositions peu inté-
ressantes.

Joseph Richerit dit qu'on a nommé Collineau capitaine,
mais en l'absence de Collineau, qui en a été tout étonné
quand on le lui a dit. Il a vu aussi Véron tantôt à pied, tantôt
à cheval ; mais il n'a pas remarqué qu'il eût un commandement.

M. le président prétend que le témoin ne dit pas la
vérité, et le menace de la peine des faux témoins s'il ne
veut pas se rappeler les faits....

On suspend l'audience, et l'on reprend la déposition de
ce témoin, qui donne des explications plus étendues, grâce
à sa déposition écrite qu'on lui relit presque en entier.

Le sieur Roussel, huissier à Chémillé, donne, sur l'amnistie, des explications qui prouvent que la proclamation
du général Solignac est la seule cause des soumissions qui
ont eu lieu entre les mains du capitaine Grandcour, et en
vertu desquelles on promettait pleine et entière liberté à
ceux qui se soumettraient.

Ici une discussion s'élève entre le ministère public, le
président et la défense, au sujet des amnisties. Me Janvier,
avec cette chaleur et cette force de conviction qui le carac-
térisent, lit la proclamation et en fait ressortir les conséquences pour les accusés ; il s'élève avec force contre
toute idée de surprise qui aurait pu présider aux proclamations, à la place de la franchise et de la loyauté. M. le président continue à contester l'amnistie ; il dit que ce ne sont
que des soumissions qui ne préservaient pas des poursuites ;
et, peu d'accord en cela avec tout l'auditoire, il ajoute que
les accusés sont moins à plaindre d'être prisonniers que
d'être restés en état de vagabondage et d'excursion, comme
ceux qui ne se sont pas rendus.

Les autres témoins déposent à-peu-près des mêmes faits que les précédens.

L'audience est levée.

Audience du 16.

Renou, 20ᵉ témoin, déclare que Clémot l'a engagé à partir, mais il ne l'a pas vu commander, et il ajoute même que tous étaient à la fois *chefs et soldats.*

Le témoin Gourdon répond à toutes les questions : *Oui, mon juge*, et il répond à M. le président qui lui dit qu'il va prendre le moyen de lui donner de la mémoire : *Mon juge, comme vous voudrez.* Il n'a pas vu Clémot ni Collineau commander. M. de Caqueray, un *des accusés contumax, a formellement défendu devant lui à la bande de commettre le moindre acte de pillage ni de désordre chez les habitans.*

Pierre Piou fait une déposition semblable à celle de Gourdon.

Le témoin Etienne Picherit commence par dire qu'il déposera plusieurs faits qu'il n'a pas énoncés dans sa première déclaration, parce qu'il était intimidé par les gendarmes qui lui disaient : Faites bien attention à ce que vous allez dire. Il a reçu quelques cartouches qu'il a rendues au capitaine Cœur. Il n'a vu ni Clémot, ni Collineau, ni Véron, commander.

Pierre Pouplard dit qu'il a été chargé de porter des billets qui lui ont paru blancs et qu'il a remis à Mme. d'Apremont.

Le 27ᵉ et dernier témoin, Jean Chaillou affirme qu'il s'est trompé en disant avoir vu Jean Maillet, et il paraît si peu disposé à parler, que M. le président le renvoie à sa place.

On donne lecture des dépositions des témoins absens, et M. l'avocat-général Laisné de Sainte-Marie prend la parole. Il soutient l'accusation et ne l'abandonne qu'à l'égard de

Collet. En vain on avait espéré qu'il en aurait agi de même à l'égard de plusieurs autres accusés.

Mᵉ Janvier se lève, et après avoir rétabli et discuté les faits imputés par l'accusation à Gaudin, il continue en ces termes :

« S'il était coupable, pourquoi le serait-il devenu? vous le pressentez aisément, messieurs, parce qu'il était du même sang que le *saint de l'Anjou*; et quiconque a une goutte de ce sang dans les veines, est poussé à le répandre sur les champs de bataille pour le triomphe des mêmes croyances. Les Gaudin sont inscrits à côté des Cathelineau dans le martyrologe de la Vendée; les Gaudin comptent avec les Cathelineau dans le dénombrement de ces 36 victimes que l'histoire atteste avoir été fournies à la première insurrection par cette commune famille. Vous étonnerez-vous que mon jeune client, conduit par le hasard et retenu par la maladie dans le pays de ses pères, se fût excité de leurs souvenirs et de leurs exemples? Ce ne serait pas seulement le lieu, ce serait le temps qui aurait exalté son imagination de 20 ans; tout autour de lui il aurait entendu des frémissemens belliqueux; et comment voudriez-vous qu'il n'en eût pas tressailli? comment voudriez-vous que des premiers il n'eût pas répondu au signal de guerre qui avait été donné? Moi, je le mépriserais, s'il était resté impassible au sein de l'agitation générale; ce dont je le défends, c'est de l'avoir soulevée, c'est d'avoir été un conspirateur occulte. Dans le peu qu'il a fait, il y a cet entraînement et cette ardeur qui honorent son âge et sa position. Il n'a point donné l'élan, mais il était près de le suivre; je crois qu'il l'eût suivi, mais il en était encore aux intentions; ses actes n'ont pas transgressé la fatale limite au-delà de laquelle commence le crime. C'en serait assez pour l'absoudre, si ce n'était que ses intentions elles-mêmes doivent trouver grâce et plus que grâce devant vous. En effet, un affreux événement venait de s'accomplir, qui à lui seul aurait suffi pour le précipiter avec l'enthousiasme de la colère dans les camps des rebelles. La guerre civile à ses yeux a dû ne plus paraître qu'une représaille domestique. Qui de vous, messieurs, ne comprend que je veux parler de ce meurtre dont en cette enceinte j'ai déroulé, il y a bientôt un mois, le drame douloureux ? Je ne suis point un provocateur de ressentimens et de haines ; ne craignez pas que j'entreprenne de prouver de nouveau devant vous que le fils du grand Cathelineau, qui est héritier, non il est vrai du génie et de la gloire de son père, mais de ses modestes vertus, de sa droiture, de son dévouement et de sa piété, a été tué sous une trappe, au sommet d'une échelle, à bout portant, à l'instant où du geste et de la voix il invoquait l'honneur militaire et la protection des lois. J'ai vu tout un auditoire, et vos devanciers eux-mêmes, bondir d'indignation en m'écoutant raconter cette mort avec des accens auxquels la vérité servait d'éloquence ; ce serait profaner les émotions, ce serait les dégrader jusqu'au point de ne plus être qu'un jeu oratoire, de prétendre les ressusciter aujourd'hui. Je rappelle le lugubre épisode d'un procès politique dans ses rapports avec le procès actuel ; je me borne à vous rappeler les conséquences morales de la mort du second des Cathelineau. Je ne suis pas surpris que la rebellion ait trouvé plus de sympathie, non loin du théâtre de ce qui, je le veux bien par esprit de conciliation, n'aurait été qu'un malheur, mais qui tout d'abord dut paraître un crime inexpiable à la Vendée.

» Il doit surtout présenter ce caractère aux amis, aux parens de la victime.... Magistrats et jurés, car en ce moment je m'adresse à-la-fois aux uns et aux autres.... Cathelineau a laissé des orphelins....Parmi ses fils, deux sont sortis de l'enfance ; mais à peine entrés dans la jeunesse.... c'étaient encore des écoliers ; la destinée de leur

1*

père en a fait des rebelles. A peine l'ont-ils connu, qu'ils ont déserté le paisible séjour de leurs études. Ils sont accourus se ranger sous les drapeaux de cette cause si funeste, et pourtant si glorieuse au nom qu'ils portent.... Oui, ils ont été coupables à la manière des légistes; ils l'ont été comme chacun de nous le serait et voudrait que son fils le fût à leur place.... Déjà, messieurs, je n'ai pu taire ma surprise et ma douleur du sort qu'ils ont subi.... La fuite les a dérobés aux recherches de la justice; autrement ils seraient assis sur ces bancs.... Ils vivent sur la terre étrangère. Magistrats, j'en appelle à vos consciences et à vos cœurs, à tout ce qu'il y a en vous de principes élevés et de sentimens généreux : vous rendrez par votre arrêt, à ces proscrits qui n'ont pas vingt ans, leur patrie qu'ils regrettent, leur mère qui les pleure. Quoique absens, vous les absoudrez, et ma publique prière en leur faveur ne vous paraîtra point téméraire. Et quant à vous, MM. les jurés, auxquels il n'est pas donné de participer à cet arrêt, qui réhabilitera l'honneur compromis d'une révolution que son origine condamne noblement à rester toujours magnanime ; vous, messieurs, vous préparerez cet arrêt si desirable, en proclamant vous-mêmes l'innocence de ce jeune homme, qui, lui aussi, a obéi aux plus touchantes inspirations, à des inspirations presque filiales et fraternelles ; vous l'absoudrez, car en sa faveur s'élève et crie quelque chose de plus touchant que ma voix, le sang des Cathelineau ; c'est le sang d'un héros, c'est le sang de deux martyrs ; vous êtes dignes de l'entendre et dignes de l'exaucer. Sa sollicitation prévaudra sur toutes mes paroles ; je puis les consacrer sans crainte à mes deux autres cliens. »

Me Janvier s'applique d'abord à représenter MM. de la Sorinière et leurs coaccusés privés du bénéfice de cette amnistie dont beaucoup d'autres de leurs compagnons ont recueilli les fruits et comparaissent seulement comme

témoins. Il rappelle tour-à-tour les certificats du commandant Grandcour et ceux du maire, qui rendent l'existence
de l'amnistie incontestable, complète et absolue. Il insiste
avec force à cet égard, parce que naguère on l'a voulu
concilier avec l'application de l'article 100.

Il parle des amnisties des départemens de la Mayenne,
qui ont été publiées aussi partout avec tant de solennité,
et il fait observer que dans cette affaire c'est une proclamation dans toute la splendeur du mot, une absolution
irrévocable. Ce serait de la subtilité d'équivoquer sur
l'étendue des engagemens formels qui ont été pris par le
général Solignac....

Il démontre qu'il y a eu exécution, interprétation à
l'égard de tous les autres. On a observé les amnisties sans
condition de surveillance. Par quel odieux privilège vou-
drait-on l'infliger à quelques-uns seulement?

M⁰ Janvier termine la discussion des faits, en disant
qu'il n'y a véritablement qu'une question par rapport aux
amnisties militaires de la Vendée, celle de leur autorité en
justice, et il continue en ces termes :

« D'une autre part, la question n'est pas vierge pour vous
non plus. Je sais qu'il y a peu de jours elle a été résolue. Un
de mes amis (*), dont à ce titre je ne puis parler qu'avec
modestie, y a déployé toute la supériorité de sa raison,
toute la magnificence de son talent. Je préférerais donc confier la destinée de mes cliens à des souvenirs et à des émotions qui vivent encore ; mais mon silence serait une déser-
tion de la thèse à laquelle j'ai une foi profonde ; j'ai le devoir de vous la développer rapidement.

(*) M⁰ Johanet, qui, dans l'affaire Gaullier, avait, quelques jours
avant, traité avec beaucoup d'énergie et de talent la question d'amnistie, ce qui lui avait valu de la part de M. Boyard une brusque
interruption, et même la défense si formelle de parler sur ce sujet,
que M⁰ Johanet avait été obligé de s'asseoir.

» Elle se présente sous deux rapports distincts : le rapport moral et le rapport légal. S'il faut le dire, en légalité, ma première pensée a été que les amnisties militaires n'avaient pas force obligatoire en justice. Il m'a semblé que c'était une insolente usurpation, qu'un soldat, quelque haut placé qu'il fût dans la hiérarchie militaire, osât paralyser le ministère du juge, qu'il prétendît abaisser le glaive des lois devant l'épée des batailles ; mais j'ai réfléchi que le pouvoir militaire n'avait pas alors agi en vertu de ses attributions communes, qu'il n'avait été que le représentant extraordinaire du pouvoir royal. Je ne suis pas de ceux qui veulent étendre celui-ci au-delà de ses limites nécessaires ; mais j'ai un libéralisme qui n'a rien d'hostile aux prérogatives de la couronne. On les a assez restreintes pour qu'on doive leur laisser toute la latitude constitutionnelle ; une des plus éminentes et des plus précieuses est le droit de paix et de guerre, qui, d'après la charte, appartient au roi. Sans doute le droit de paix et de guerre s'exerce principalement dans les rapports avec les nations étrangères ; mais il procède aussi à l'égard des partis qui lèvent l'étendard de la guerre civile.

» Que si vous refusez au monarque, agissant par l'intervention et dans sa responsabilité ministérielle, de proposer des conditions de paix à une armée insurrectionnelle, songez aux conséquences politiques qui en résulteront. Les rebelles sachant que le gouvernement ne pourrait, quand il le voudrait, leur faire grâce, se garderaient bien de se laisser séduire par des promesses essentiellement fallacieuses ; ils craindront qu'elles ne soient paralysées par la législature et la magistrature, et ils ne s'exposeront pas à être dupes de leur crédulité. Même vaincus, ils ne déposeront pas les armes, ils les conserveront jusqu'au bout. Pour les soumettre, il faudra les anéantir jusqu'au dernier. Messieurs, c'est une exécrable témérité de prétendre subjuguer ses ennemis par l'extermination. Le plus souvent on y a échoué. Le plus terrible des courages, c'est celui du désespoir; i l peut enfanter des miracles de victoires; il est aussi imprudent qu'atroce de les conjurer contre soi.

» C'est surtout à l'égard de la Vendée que ces réflexions, d'une vérité générale, acquièrent un surcroît de vérité particulière. Le pouvoir l'a compris, toutes les fois qu'elle s'est révoltée. La Convention elle-même, après avoir essayé contre elle la guerre à mort, finit par lui accorder une paix générale, une amnistie illimitée. Napoléon, à plusieurs reprises, a usé des mêmes moyens pour la ramener à l'obéissance.

» La royauté actuelle, plus qu'un autre pouvoir, eût manqué à sa nature, de ne pas tenter avec la Vendée, à l'instant où elle courait de nouveau aux armes, la toute-puissante séduction d'une amnistie. D'autres causes, je le sais, ont concouru à étouffer l'insurrection ; mais elle eût été plus longue et plus acharnée, si les rebelles n'avaient reçu l'assurance de l'oubli du passé. Que si on eût laissé entrevoir l'intention de les traiter sans merci, ils eussent cherché leur salut dans les chances de la guerre; et qui sait les chances de la guerre? Et l'insurrection de Paris, en juillet 1830, et quelques mois plus tard celle de Belgique, ces insurrections si faibles, presque si misérables à leur début, comment sont-elles devenues sublimes et triomphantes, sinon par l'inflexibilité du pouvoir qu'elles ont renversé ? Ces exemples se sont présentés à la mémoire du gouvernement. Il n'a pas voulu exaspérer, désespérer la Vendée ; il lui a donc envoyé un messager de menaces, mais aussi de clémence, dont tous les actes ont été ratifiés au moins tacitement.

» C'est donc l'autorité royale qui est engagée dans le débat. Il est assez étrange que je sois le défenseur de cette

autorité contre le ministère public. N'est-ce pas lui contester le droit de paix et guerre, que de lui dénier celui
d'amnistie? Que sont en effet les amnisties, sinon des
traités de paix en guerre civile?

» C'est assez, c'est trop peut-être insister sur la légalité du moyen que j'invoque; ce qui me touche bien davantage, c'est sa haute moralité.

» J'admets que les chefs militaires n'aient pas le droit
d'accorder au nom du roi des amnisties; alors, quel était
le devoir de la magistrature? de soulever un conflit so-
lennel entre elle et les envahisseurs de ses prérogatives,
de lancer contre leur usurpation ses arrêts et ses réqui-
sitoires. Il y aurait eu du courage et de la dignité dans
cette éclatante revendication des droits de la justice; mais
il fallait qu'elle eût lieu en masse, avec éclat....

» Je dois le dire : il n'y aurait ni courage ni dignité
à chicaner à quelques individus choisis au hasard, le bienfait d'une amnistie sur l'inviolabilité de laquelle ils ont
dû compter.

» Les Vendéens ne sont pas des légistes; ce sont des
hommes simples de cœur et droits d'esprit, qui, même
dans leurs ennemis, ne soupçonnent pas le mensonge et
la ruse. Ils auraient cru commettre envers le gouvernement une injure plus irrémissible que leur révolte même,
de douter de la sincérité du pardon qui était offert par
les plus éminens dépositaires de l'autorité royale......
Ils y ont ajouté une foi entière.... Ils n'ont point sup-
posé la moindre équivoque, la moindre restriction. Tout
d'ailleurs a concouru à les entretenir dans cette confiance,
tout, et d'abord les tolérances de la justice elle-même.
Pendant dix-huit mois, dans l'Ouest, elle a laissé l'autorité militaire faire publiquement grâce à des chouans,
à des chefs de bandes. La justice a fait plus : elle est
quelquefois intervenue dans les transactions pour les fa-

ciliter et les encourager. Si on le niait, il me serait aisé
de retrouver des actes d'accusation dans lesquels le ministère public reprochait à des accusés politiques d'avoir
dédaigné la clémence du pouvoir, et d'avoir, par leur opiniâtreté, forcé les magistrats à diriger des poursuites contre
eux. J'affirme ce fait et je ne recule pas devant la preuve. »

(Ici Mᵉ Janvier lit une partie de l'acte d'accusation dans
l'affaire de *Caqueray*.)

« Je ne dois pas en omettre une caractéristique : Un
homme condamné à mort par contumace, a vécu pendant plus de six mois, a vécu ouvertement dans son
domicile, à la connaissance et sous la protection des
autorités. Ces exemples que j'indique et que je n'examine
pas, datent d'une époque antérieure à la mise en état de
siége des départemens de l'Ouest. Combien, au moment où
cette redoutable mesure vient d'être arrêtée, les droits de
l'autorité militaire n'ont-ils pas dû paraître plus étendus !

» Ces mots *état de siége* avaient un sens vague qui frappa
fortement les imaginations. Les populations furent portées
à penser que c'était l'omnipotence militaire pour le bien et
pour le mal ; et comment cette pensée ne fût-elle pas ve-
nue, quand on voyait organiser officiellement le meurtre
juridique des citoyens, les inquisitions de domiciles, les
concussions à l'aide des garnisaires, les délations de famille? Quand on annonçait aux Vendéens que toutes ces
choses étaient légitimées par l'état de siége, est-il étonnant
qu'ils aient cru que les amnisties militaires étaient la conséquence et la compensation du régime auquel ils étaient
soumis?....... Ils ont eu une égale crédulité pour l'arbitraire
de rigueur et pour l'arbitraire de grâce : ils ont violem-
ment subi l'un, ils doivent profiter de l'autre.

» Mais la question s'offre à moi sous un nouvel aspect.
Quelle est la suprême mission du gouvernement? Suivant
moi, c'est de conduire les peuples dans la vérité et la justice;

2

non pas seulement par de stériles préceptes, mais par de
solennels exemples. Je déclare ceux-là d'absurdes amis, ou
plutôt des ennemis cachés du pouvoir qui règne, qui veulent le faire mentir à des engagemens qu'il a pris à la face
de la France. Je crois, moi, lui donner une preuve du dévouement conditionnel, mais sincère, que je lui porte, en
vous conjurant de ne pas le rabaisser à un rôle indigne de
lui, à un rôle dont il aurait honte et horreur, au rôle de
trompeur et de corrupteur public. De quel misérable intérêt
sont pour lui quelques condamnations politiques, à côté de
cet intérêt majestueux et sacré qui le doit préoccuper, et
qui, j'en suis sûr, le préoccupe avant tout? L'intérêt de
son honneur,.... le respect des citoyens, voilà ce qui fait la
force des gouvernemens; et quand une fois ce respect a dis-
paru, les gouvernemens n'ont plus qu'une vie matérielle, la
vie morale s'est retirée d'eux; c'est le comble du malheur
et de l'humiliation pour la nation qui leur obéit. Une nation
a besoin d'estimer, d'honorer ses chefs; la nation française
s'est en tout temps distinguée sous ce rapport.... Malgré ses
fautes et ses vices, elle a placé parmi ses plus grands rois
ce François Ier qui s'écriait avec enthousiasme : *Nous avons
tout perdu, fors l'honneur*; et celui à qui l'on doit ces belles
paroles : « Si la bonne foi était bannie de la terre, elle devrait
se retrouver dans le cœur des rois. » Aujourd'hui, sans doute,
le caractère personnel des princes n'est plus engagé au même
point dans les iniquités officielles; le prince, en effet, n'est
plus l'essence du gouvernement, il n'en est qu'un des élé-
mens. Le gouvernement, c'est l'ensemble des pouvoirs de
l'état; tous, dans leurs rapports, constituent une grande
unité qui est solidaire des injustices et des fraudes de quelques-uns d'entre eux.

» Le gouvernement serait donc, comme j'ai dit quelque
part, moralement découronné, si vous rendiez un arrêt qui
le constituerait en état de trahison et de parjure.

» Vainement oserait-on vous insinuer qu'il lui sera utile de se délier de promesses que quelques-uns de ses agens n'ont faites à des rebelles qu'à un instant où on les supposait redoutables.

» Messieurs, je ne suis pas de ceux qui professent, surtout quand le danger est passé, qu'il ne faut jamais pactiser avec des révoltés. Cette maxime d'opiniâtreté et d'orgueil, cette jactance d'immuable volonté peut convenir tout au plus à un gouvernement qui se prévaut d'une origine surhumaine ; mais un gouvernement né de l'insurrection et qui s'en glorifie avec raison, doit montrer plus d'indulgence et même de sympathie pour les erreurs du droit faillible, mais sacré, qui lui a donné naissance.

» Au reste, nous n'avons pas à quereller sur l'opportunité des transactions avec un parti révolté. Dès que la transaction est conclue, quelle qu'elle soit, fût-elle désavantageuse et humiliante, et ici c'est une hypothèse chimérique, elle doit nonobstant être exécutée avec un religieux scrupule.

» Chez tous les peuples civilisés, les pactes publics ont été placés sous la protection du droit des gens, et leur violation a été flétrie, exécrée. Les anciens avaient des formules d'anathème tout exprès pour vouer aux dieux infernaux les perfides infracteurs de ces pactes. Dans les temps modernes, le sentiment de la probité politique ne s'est pas altéré. Sans parcourir longuement l'histoire, je ne citerai que deux exemples, mais nationaux et contemporains : l'un est de la *Convention*, l'autre de Napoléon ; ce sont les deux grandes figures qui dominent la révolution et la résument.

» Qui ne connaît la téméraire et déplorable expédition des émigrés français sur les rivages de Quiberon ? Hoche, le jeune Hoche, si beau, si pur, si doux, dont l'âme brûlait pour la liberté d'ardeurs presque virginales, qui était à-la-fois chevaleresque et révolutionnaire, Hoche accorda à ses ennemis vaincus une capitulation qui stipulait

leur vie sauve. J'accuse à regret une gloire qui m'est chère et sacrée ; mais le vainqueur eut la faiblesse de ne pas contraindre la Convention à l'accomplissement des engagemens qu'il avait pris. L'implacable assemblée brisa la capitulation, et les captifs furent livrés à des commissions militaires et fusillés en masse. Ce massacre judiciaire est un des crimes que la postérité reprochera le plus à la Convention. Dans cette circonstance, elle ne fut pas seulement furieuse, délirante ; suivant sa nature, elle fut cruellement et bassement déloyale. Tel sera sur cet acte le jugement de la postérité, ou plutôt elle l'a déjà prononcé ; et cependant il y avait, sinon cette excuse, au moins ce prétexte, que Hoche avait agi sans autorisation.

» Le fait que je vous cite de Napoléon n'a pas la même célébrité, mais il paraît avoir la même certitude. Vous savez ce Georges, ce héros de la chouannerie, ce Breton qui, au sein de ses bruyères natales, imita les sublimes brigandages de Charette. Bonaparte, à cette époque il n'avait pas encore le diadême, il portait le manteau consulaire, Bonaparte, dont l'ame sympathisait avec toutes les ames profondément trempées, accorda une amnistie à Georges, et puis il le manda près de lui. Le chouan se montra inébranlable ; il fit plus, il fut audacieux, insolent ; il traita en usurpateur le conquérant de l'Italie et de l'Egypte, l'élu de la destinée et de la nation.... Un instant celui-ci fut tenté de faire saisir par ses gardes l'intrépide bandit qui, jusqu'en son palais, lui déclarait une guerre à mort, et la suite prouva que ce n'étaient pas de vaines paroles. Napoléon recula devant la honte d'attenter à un homme protégé par une amnistie... il permit, il protégea le retour de Georges au milieu de ses bandes ; il le laissa partir, sachant qu'il allait conspirer. J'ai pensé que le magnanime respect de Napoléon pour les amnisties ferait impression sur vous.

» Prenez garde, messieurs, que j'établis sur les amnisties une doctrine absolue, qu'elles doivent profiter même à ceux qui en paraîtraient indignes. Ils sont sacrés de l'idée qu'ils représentent, et cette idée est la plus auguste entre les hommes, celle qui les lie et les relie; c'est l'idée de la foi promise.

» Quiconque est placé sous ses auspices participe à sa sainteté; mais la violation serait plus frauduleuse, plus énorme encore dans mes cliens que dans nuls autres. N'oubliez pas de quelle manière ils sont venus se remettre entre les mains du pouvoir.... C'est leur piété filiale qui avait excité leur rebellion,.... c'est aussi leur piété filiale qui a décidé leur soumission.

» C'est leur mère, messieurs, songez-y, c'est elle qui a consommé la tradition de ses enfans; elle a cru que la parole d'un officier français était une sauve-garde assurée. Ils ont suivi la foi de leur mère; ah! je n'ai jamais vu de désespoir plus déchirant et plus accusateur que le sien, quand elle a acquis la douloureuse conviction qu'elle avait été trompée et qu'elle avait trompé ses enfans. Elle est ici, messieurs, elle a voulu y être pour protester par sa présence contre la consommation d'une affreuse traîtrise; et si je ne me rendais l'interprète de ses plaintes, elle-même vous crierait : « Ren- » dez-moi mes fils, car c'est moi qui les ai livrés; ne les » condamnez pas, où, je vous en avertis, j'appelerais de » votre arrêt à un tribunal où vous seriez condamnés à votre » tour !... au sortir de ce sanctuaire, j'en appelerais contre » vous à toutes les mères, et pas une ne vous absoudrait, et » la mère de vos propres enfans ne vous pardonnerait pas. »

» Messieurs, vous n'accomplirez pas une de ces iniquités qui sont le remords éternel des juges qui les ont commises.... Vous rendrez ces jeunes gens à la liberté, et à la liberté dans leur pays; l'une n'aurait pas de prix sans l'autre. Ils ont le cœur vendéen; ils tiennent par-dessus tout aux tombeaux de leurs ancêtres, aux champs paternels, au foyer domestique, à leurs souvenirs d'enfance, aux conseils tutélaires de la famille, aux caresses, aux douces caresses de leur pauvre mère.... Rendez-leur tous ces biens que depuis si long-temps ils ont perdus. Quel que soit votre arrêt, équitable ou sévère, ne les séparez pas ; ne consacrez pas entre eux une distinction qui leur serait flétrissante et odieuse ;... leur fraternité n'est pas la fraternité vulgaire, elle est la plus intime de toutes les fraternités... Le même jour ils ont été appelés à l'existence, à ses joies et à ses misères ; venus ensemble en ce monde, leur destinée s'y est confondue. Il n'est pas un instant où ils n'aient vécu de la même vie ; on dirait deux jeunes ormeaux qui, nés à-la-fois, en croissant se sont entrelacés, et qu'il faudrait briser pour les disjoindre. Ils doivent sécher ensemble, soit à l'ombre du cachot, soit sur une terre d'exil, ou, desséchés qu'ils sont déjà, reverdir à-la-fois sous le ciel pur de la liberté et sous le doux soleil de la patrie.

» Pour appliquer dans un autre sens, mais dans un sens véritable, de touchantes paroles, vous ne séparerez pas ce que Dieu lui-même a si fortement et si tendrement uni.

» Messieurs, j'ai dit pour mes trois cliens. Votre devoir est de les absoudre, et jamais devoir n'aura été plus doux à remplir !.... »

Me Léon Daudier prend ensuite la parole, et dans un plaidoyer rempli d'une ironie spirituelle et mordante, il répète toutes les charges élevées par l'accusation contre ses quatre cliens, Clémot, Lusson, Jean Maillet et Bruneau. Il raconte avec beaucoup de verve et de naturel l'histoire de chacun d'eux, et témoigne son étonnement de ce que M. l'avocat-général leur a trouvé une physionomie et une conduite de conspirateurs. Nous regrettons de n'avoir pu recueillir qu'une petite partie du plaidoyer de Me Daudier, qui a été entendu avec un vif plaisir, même après Me Janvier. Nous en rapporterons le passage suivant :

« Si j'avais à réclamer, pour des faits nouveaux, une
sérieuse attention, j'attendrais que vos oreilles au moins
fussent vides du retentissement de magiques paroles. Mais
quand il s'agit de placer sous une commune sauve-garde
des actes communs à tous, je serai trop heureux de glisser
à la suite de noms plus sonores, des noms ignorés. De
simples explications dans les termes les plus simples, ce
ne sera qu'une manière de vous reposer, car je me garderai
de troubler le recueillement d'émotions profondes; sous le
charme de l'harmonieux murmure, mes cliens passeront
sans bruit; pour eux, au besoin, ce sera une autre amnistie.

» *Amnistie!...* Vous avez compris que là est toute la
cause. Que l'accusation s'enfonce dans les profondeurs du
complot, s'appesantisse sur les horreurs de l'attentat, je
n'irai pas m'y ensevelir avec elle. Pour vous, comme pour
nous, il y a une question plus vivace, une question unique
au procès, c'est celle de l'amnistie.... Vous l'avez reconnue
applicable; quelques-uns devraient-ils en être exceptés?

» *Clémot :* parce qu'il était à cheval? mais pour cela, pas
même écuyer, par habitude comme vétérinaire, par néces-
sité à cause d'un mal au pied.

» Il était hors des rangs. C'est facile à supposer; à cheval
au milieu de piétons, il eût tenu difficilement en ligne.

» Sur les flancs, que faisait-il? il allait et venait. Ce
mouvement de va et vient est celui d'une machine, d'une
machine fonctionnant plus ou moins activement, mais non
pas la preuve d'une intelligence supérieure, d'un commandement.

» *Luçon :* lui était à pied, mais au premier rang. Je le
crois bien; ancien soldat de la garde, avec sa bonne mine,
rehaussée même à votre audience par une tenue soignée
qui rappelle encore l'amour-propre militaire, un homme
ainsi taillé, dans une troupe quelconque, figurera toujours

au premier rang ; mais pour cela était-il chef ? Et qu'est-ce d'ailleurs que ces prétendus chefs, sous-chefs, chefs de paroisse, aux grades équivoques, aux attributions plus équivoques ? à quoi l'un de ceux-ci a-t-il été reconnu par un des témoins ? à cette circonstance qu'il plumait des poulets dans l'exercice de ses fonctions. Dernièrement j'avais l'un d'eux à défendre, boucher de son métier, qui, chef de paroisse, avait, au dire des mêmes témoins, écorché deux moutons pour le service de la bande ; eh bien ! malgré cette circonstance aggravante, l'accusation ne fut pas même soutenue à son égard.

» *Maillet*, aussi désigné comme chef, un bien petit chef par exemple, pas même armé en soldat, car il n'a eu pendant la campagne qu'un mauvais fusil. Il est vrai qu'il avait voulu lui faire honneur de maints exploits. Le sergent, son prisonnier, vous a dit que personne n'avait été dupe de cette forfanterie, et qu'il les tenait, son arme et lui, pour parfaitement innocens.

» *Bruneau*, enfin, dont l'accusation n'avait eu guère à rappeler autre chose que son nom ; il aurait continué à inquiéter le pays, c'est-à-dire qu'il se cacha deux jours, attendant l'amnistie qui ne vint dans sa commune que le lendemain. On voulait le relâcher à Angers ; la cour aura voulu lui donner quelques mois de plus de prison et vous laisser le soin de l'acquitter. Pour sa part, il a accompli les intentions de la cour, en ce qui vous concerne ; vous en ferez sans doute de même.

» Assez : la parole donnée à MM. de la Sorinière se-rait-elle nulle pour ces paysans ? Ici revient cette voix puissante dont les accens vous poursuivent ; ils résonnent au fond de vos cœurs, et ces échos d'un bruit qui s'éloigne, tout affaiblis qu'ils soient, avec plus de force encore que je ne saurais le faire, vous répètent : « Tous, ils sont » sacrés pour vous. »

M⁔ de La Taille défend ensuite Gourdon, Brouard et
Briffaut. Il rappelle avec force et chaleur que Gourdon a un
frère qui a perdu une jambe à l'une des affaires dont il est si
souvent question au procès, et que Brouard n'est amené sur
les bancs que par suite de l'injuste défiance qu'excitaient des
opinions qui déjà avaient suffi pour mettre en accusation
son frère, M. le curé de Jallais, qui a été acquitté dans l'affaire de M. le marquis de Civrac.

Audience du 17.

M⁔ Des Portes prend la parole en ces termes pour les
sieurs Collet et Blon :

« J'ai bien peu de chose à vous dire pour deux accusés
dont l'un n'a déjà plus ce nom aux yeux même du ministère
public, dont l'autre est tout aussi bien protégé contre l'in-
sistance de l'accusation par sa seule position.

» M. Collet, le premier de mes deux cliens, est désormais effacé, rayé du débat. Vous n'avez entendu invoquer
contre lui aucune pièce, ni produire aucun témoin. A son
égard, vous aurez donc seulement à remplir la tâche facile
et douce de réparer une erreur et de lui assurer le bienfait
d'une justice salutaire, quoique un peu tardive.

» Quant à Blon, ce n'est plus, comme le représentait
dans l'instruction une déposition écrite, si hautement, si
noblement démentie à l'audience par le témoin auquel on
l'attribuait; ce n'est plus, dis-je, *un jésuite, un Tartuffe
armé, au teint noir et bilieux, aux yeux roux tirant sur
le vert,* portrait dont le moindre défaut est de manquer
absolument de ressemblance, et que vous aurez peine à
croire être sorti de l'imagination et avoir été tracé sous la
dictée d'un caporal du 29ᵉ régiment !....

» C'est tout simplement un jeune homme qui achevait
paisiblement ses études près de Paimbœuf, lorsque le cho-
lera, éclatant dans cette ville, le força de revenir chez son

2*

père au Pin-en-Mange. Il s'y trouvait depuis un mois, fort tranquille, au moment où les premières levées d'insurgés s'y présentèrent le 4 juin. Dirai-je que pour les suivre il céda seulement à des menaces, à une violence matérielle ? Non ; car ce n'est pas ainsi que Blon a expliqué son enrôlement, et ce n'est pas non plus ainsi qu'il eut lieu. Mais il subit, comme tant d'autres, l'influence d'un entraînement rapide et irrésistible qui ne laissait pas de place à la réflexion ; il fut aussi trompé par les magnifiques assurances dont étaient si prodigues alors ceux qui peut-être y croyaient eux-mêmes, d'une levée générale, de la chute d'un gouverne-ment que trois jours auraient suffi pour renverser, comme trois jours avaient suffi à l'élever ; enfin, de ces promesses répétées, qu'il n'y avait qu'à se montrer pour vaincre, et pour vaincre sans verser de sang. Du reste, être enrôlé, armé, enrégimenté, tout cela fut pour Blon l'affaire d'un instant ; et de-là, à payer de sa personne il n'y eut pas loin non plus. Vous savez, en effet, que ce fut ce même jour qu'eut lieu l'action du Pin-en-Mauge, entre un détachement du 29ᵉ et les Vendéens. Vous connaissez aussi la noble con-duite du soldat novice que je défends en ce moment. Placé aux avant-postes du bourg, il essuya des premiers le feu de l'ennemi, et des premiers aussi il s'élança à sa rencontre et fit de sa main plusieurs prisonniers. Ici, messieurs, je rappelle à vos souvenirs un événement qui sans doute s'y est fortement empreint, et je laisse parler en quelque sorte l'un des témoins que vous avez entendu avec tant d'intérêt, ce jeune sergent Imbert qui vous a retracé avec une chaleureuse expression la scène où Blon joua un rôle si honorable. Obligé de se rendre avec six de ses camarades, mais heureu-sement échu en partage à mon client, Imbert, entouré de plusieurs insurgés, se voit l'objet de menaces et de violences ; l'un d'eux lui porte un coup de baïonnette, détourné, amorti par Blon qui s'empresse de lui faire un rempart de son

corps et de le défendre de toute nouvelle agression , en s'é-
criant : *N'y touchez pas, il est mon prisonnier !* Voilà ce
que naguère vous racontait Imbert, et vous avez , avec moi,
éprouvé une douce émotion , lorsqu'à la vue de son libéra-
teur vous l'entendiez s'écrier : « Il m'a sauvé la vie , je lui
donnerais la mienne s'il le fallait ! » Que pourrais-je ajouter
à ces paroles qui partent du cœur et qui vont au cœur ?
rien , sinon que ce fut là une belle action , mais qui n'avait
rien d'inoui d'ailleurs , sur cette terre où jadis , à la voix de
Bonchamp expirant, de Bonchamp mortellement blessé,
cinq mille prisonniers républicains, qui allaient être égor-
gés en vertu du terrible droit des représailles , durent la vie
et la liberté. Et combien , dans la position particulière de
Blon , sa conduite était encore plus digne d'admiration !

» Il est, sachez-le bien, le neveu de cet infortuné Cathelineau, si lâchement tué le 27 mai , quelques jours aupara-
vant , à peu de distance du Pin-en-Mange, et les soldats que
Blon faisait prisonniers, les hommes qu'il sauva , apparte-
tenaient au même régiment et à la même compagnie que celle
qui prit part à cette horrible catastrophe !.... Mais voilà
comme les Vendéens se vengent.

» Messieurs , celui qui débute ainsi dans une guerre civile aurait le droit de se faire pardonner bien des torts ; il y
aurait là de quoi en racheter beaucoup ; mais Blon , vous le
savez encore, n'en eut aucun. Le reste de la campagne à
laquelle il prit part , n'a rien révélé à sa charge ; si elle lui
eût offert une autre occasion de déployer son humanité,
vous ne doutez pas qu'il ne l'eût saisie avec le même empresse-
ment. Après la dispersion des insurgés, il fut prompt,
comptant aussi , lui , sur la promesse solennelle d'oubli du
passé , à se soumettre et à rendre ses armes : comme bien
d'autres, il s'est vu arrêter malgré sa foi dans la parole donnée. »

Ici Me Des Portes donne lecture aux jurés de deux certificats et d'une lettre du maire du Pin-en-Mange. Il résulte de ces pièces que Blon s'est soumis et est rentré dans ses foyers en vertu des assurances les plus formelles qu'il ne serait point inquiété, à lui transmises par l'intermédiaire de ce magistrat, de la part du capitaine Ferri, commandant le cantonnement de la Poitevinière, et du sous-préfet de Beaupreau. Les lettres de ces fonctionnaires ont été mises sous les yeux des juges instructeurs.

« Après de tels documens, poursuit le défenseur, vous vous demandez, messieurs, comment Blon comparaît ici, et vous vous étonnez surtout de la persévérance que l'on met à obtenir sa condamnation pour ce seul fait de sa présence parmi les insurgés. Vous aurez, messieurs, en appréciant ce fait matériellement vrai, à vous occuper surtout de sa moralité, et à voir, avant tout, si l'adjonction de Blon à l'armée insurrectionnelle fut de sa part une démarche libre, spontanée, préméditée, ou si, au contraire, elle ne fut pas l'effet d'une détermination brusque, irréfléchie, et prise au milieu des conjonctures les mieux faites pour l'excuser. Le ministère public lui-même vous a invités à les reconnaître; mais la rigueur obligée, sans doute, de son caractère ne lui a pas permis une plus large concession que celle de la déclaration de circonstances atténuantes. Or, il faut, messieurs, que vous sachiez où cette déclaration conduirait mon client. Déportation, détention, emprisonnement, les galères même dans une certaine combinaison de questions et de réponses, voilà quel serait le fruit des concessions de M. l'avocat-général. J'augure mieux de votre décision; et j'y place tant de sécurité que j'ose même refuser pour Blon la faveur de l'article 100 du code pénal. Eh quoi! la surveillance comme à un malfaiteur, pour l'homme auquel un soldat français dut la vie, pour celui que ce militaire reconnaissant a proclamé ici son sauveur! Non, messieurs, vous ne recourrez pas à cette mesure de gêne et d'opprobre. Vous la refuserez; car

vous aussi, vous êtes humains, généreux, et par une noble
sympathie votre cœur a tressailli au récit d'un acte d'humanité et de générosité; car, bien loin de châtimens, vous
n'avez que des éloges, j'ai presque dit des récompenses
pour l'auteur, je dirai partout ailleurs le héros de ce conso-
lant épisode d'une collision civile; car vous applaudissez à
cette modération dans la victoire, à cette retenue dans
l'ivresse d'un premier triomphe, qui pouvait, conspirant
avec la fougue de l'âge, solliciter à tant d'écarts.

» Et vous, jeune homme, rassurez-vous : quand on a,
comme vous, conquis l'estime de ses juges, on n'a, ce
me semble, rien à craindre de leur justice. Et ne vous
plaignez plus, ni de votre présence dans cette enceinte,
ni de vos huit mois de captivité; vous leur devrez d'abord
ce bien dont je parlais tout à l'heure, l'estime de douze
hommes d'honneur et de courage; vous leur devrez encore le plus éclatant témoignage, le suffrage le plus glo-
rieux peut-être qui ait jamais été rendu à un accusé,
celui d'un homme sauvé par vous, et qui vous a solennellement offert ici sa propre vie pour racheter la
vôtre, s'il en était besoin.... offre touchante, non moins
honorable pour qui la fait que pour qui la reçoit, et à
laquelle vous, messieurs, vous ne répondrez jamais par
une condamnation, si légère qu'elle fût; mais au contraire
par un entier et absolu acquittement. »

Me Dubois de Saint-Vincent, du barreau de Blois, a
plaidé ensuite avec un accent de conviction et une dignité
de parole auquel s'allièrent l'élévation des pensées et la
noblesse du débit. Il a discuté les faits relatifs à Véron,
à Collineau et à Raimbault, et a facilement prouvé qu'en
aucun cas ils n'avaient mérité le titre de chefs de paroisse
que leur donnait l'acte d'accusation.

Me Auguste Johanet jeune s'est décidé à confier la défense
de son client Raimbault au talent de Me de Saint-Vincent,

parce qu'il ne restait plus , à l'égard de cet accusé , qu'à
parler de l'amnistie. Cette question avait été si victorieuse-
ment traitée par tous ses confrères et surtout par M⁰ Janvier,
que M⁰ Auguste Johanet a déclaré qu'il renonçait à prendre
la parole.

M. le second avocat-général Laisné de Sainte-Marie a
répliqué ensuite avec modération. Il a payé largement son
tribut de recherches et d'érudition. Il a longuement discuté
la question de légalité et de régularité de l'amnistie ; mais
il a soigneusement évité celle si importante de la moralité ;
il a senti avec raison que le terrain brûlait sous ses pas.

M⁰ Janvier se lève , et annonce qu'il est chargé de la
réplique dans l'intérêt de tous les accusés ; et en effet il
commence par réfuter , avec l'arme du raisonnement et celle
de l'ironie , les objections spéciales à chacun des accusés. Il
déchire , dit-il , *l'étiquette accusatrice* que M. l'avocat-général avait voulu attacher à chacun d'eux ; il démontre qu'ils
sont des moins coupables parmi les insurgés de l'Ouest , et
que véritablement si la justice ne leur a pas pardonné comme
à tant d'autres , c'est que l'autorité militaire les a jetés en
ses mains par *une sorte de loterie....* Puis l'avocat arrive à
la question d'amnistie ; à ce propos , il relève avec une
hardiesse et une sorte d'orgueil philosophique certaines
attaques que le ministère public avait semblé diriger contre
les théories. L'orateur n'aime pas ce dédain dont les par-
quets affectent de se piquer pour tout ce qui sort du cercle
de leurs idées ; M⁰ Janvier se porte le défenseur des
théories quand elles ont la vérité absolue ; *ce sont alors
les plus hauts développemens de la raison humaine, et que, .
pour se consoler de leur inintelligence, les esprits médiocres
appellent des produits de l'imagination , au lieu de voir
en eux la logique dans sa perfection et sa sublimité.* Du
reste , M⁰ Janvier s'empresse de rendre hommage à la
consciencieuse et savante dissertation de M. l'avocat-gé-

'néral. Mais d'abord, n'est-ce pas une amère dérision de
parler de légalité au sujet de tout ce qui s'est passé dans
l'Ouest; en outre, même en droit strict, beaucoup des
argumens de M. l'avocat-général ne peuvent prévaloir,
suivant Mᵉ Janvier. Il se récrie surtout sur cette singulière
preuve, qu'il n'y avait pas eu amnistie parce que les
amnisties d'ordinaire se donnent à l'occasion du mariage
ou de la naissance d'un prince, ou d'un autre événement
de famille royale. « *Mon libéralisme*, s'écrie Mᵉ Janvier,
» *a tressailli de vous entendre déduire de pareils motifs.*
» *Et de nos jours, qu'est-ce donc que la naissance et le*
» *mariage d'un prince? ce sont des événemens domestiques*
» *dont une royale famille peut se réjouir dans son sein,*
» *mais desquels il n'est plus dans la dignité d'une nation de*
» *se préoccuper. Ce sont-là des motifs féodaux, des ressou-*
» *venirs d'idolâtrie monarchique. Désormais une amnistie a*
» *sa cause naturelle et légitime dans l'intérêt public, et cet*
» *intérêt a commandé impérieusement l'amnistie invoquée*
» *en faveur des accusés.* »

Mᵉ Janvier, suivant pied à pied M. l'avocat-général, examine si le roi a le droit d'amnistie : sur ce point, il y a
à-peu-près accord entre l'accusation et la défense; seulement, l'avocat fait dériver ce droit de celui de paix et de
guerre, tandis que M. l'avocat-général veut le faire dériver
du droit de grâce. Mᵉ Janvier, quoi qu'il pût être utile
à sa cause d'abonder dans ce dernier sens, ne peut y
souscrire, parce que, soutient-il, l'article 58 de la charte,
interprété autrement que comme la faculté de grâce après
jugement, constituerait au profit du monarque la faculté
d'accorder une impunité absolue et anticipée de la violation
des lois, ce qui ne serait en réalité autre chose que *ce droit
de dispense qui souleva de si justes et si violentes dis-
cussions entre la dynastie des Stuarts et la nation anglaise.*

Le défenseur aborde avec une grande énergie la difficulté

principale soulevée par M. l'avocat-général, à savoir que le
général Solignac n'avait pas reçu les pouvoirs suffisans pour
proclamer une amnistie au nom du roi. D'abord, il suffit à
Mᵉ Janvier des termes si formels de la proclamation, pour
établir que le général Solignac n'était pas un commandant ordinaire de division militaire; qu'il était un commandant su-
périeur, ainsi qu'il s'en donnait le titre; qu'il s'annonçait
avec solennité, avec orgueil, avec faste, comme investi de
*grands pouvoirs, comme étant prêt à accorder grâce devant
lui* à tous ceux qui feraient leur soumission, leur promettant
qu'ils reprendraient paisiblement leurs travaux, qu'ils retrou-
veraient la sécurité au sein de leur famille. « Il est impossi-
ble, continue Mᵉ Janvier, que le général Solignac ait commis une imposture et une hypocrisie officielles; ceux qui
l'en accusent se garderaient de le faire s'il était présent. Il
est faux qu'il ait été révoqué pour excès de pouvoir; il l'a été
pour un démêlé hiérarchique avec le lieutenant-général
Bonnet. Le ministère, la magistrature, l'administration,
toutes les autorités seraient ses complices, si elles l'avaient
laissé se prévaloir mensongèrement de pouvoirs qu'il n'avait
pas reçus; le ministère public ne s'est pas aperçu que son
réquisitoire frappait bien plus haut que contre les accusés. »
On conçoit que nous effleurons seulement des raisons qui
ont été développées avec les paroles les plus incisives et les
plus ardentes. Mᵉ Janvier s'est plus d'une fois étonné que ce
fût lui qui se chargeât de défendre le pouvoir, et que les rôles
fussent intervertis entre lui et le ministère public. Passant
à d'autres considérations, la défense insiste sur le mode
d'exécution de l'amnistie, sur les listes d'exclusion qui avaient
été dressées, listes qui donnent plus de force encore aux
soumissions qui ont été reçues; enfin, si le gouvernement ne
voulait pas ratifier l'amnistie, il fallait qu'il désavouât, qu'il
châtiât solennellement le général Solignac; et même, dans
ce cas, il fallait prévenir loyalement tous les individus qui

avaient été dupes de la proclamation ; il fallait leur accorder
un délai pour qu'ils pussent chercher leur salut dans la fuite
où dans la guerre, s'ils l'osaient. Les avoir arrêtés au sein
de la sécurité dont ils jouissaient, c'est une tromperie. « Les
accusés, dit Me Janvier, *ne sont assis sur ce banc que par
suite d'une surprise odieuse ; ils ne seraient condamnés que
par un abominable guet-à-pens.* » L'avocat, au surplus,
explique que tout ceci a été la conséquence de l'état de
siége, qui au lieu de mettre l'unité et l'harmonie entre les
divers pouvoirs dans l'Ouest, les a bouleversés, confondus.
Il n'y a eu d'ensemble sur rien ; la justice, l'administration,
l'autorité militaire, ont agi isolément, et la faute du ministère, c'est de n'être pas intervenu pour faire cesser ces in-
cohérences et ces contradictions.

L'avocat déclare qu'il n'aime pas les abus du pouvoir
militaire, qu'il incline à croire qu'il y aurait une usurpation dans l'amnistie ; mais il a déjà dit qu'il était trop
tard de crier à l'usurpation ; qu'il fallait le faire à la face
de ceux qui la commettaient ; qu'à tort ou à raison, dans
un grand nombre d'actes d'accusation, et notamment dans
l'acte d'accusation du procès, le ministère public recon-
naissait l'existence des amnisties militaires, et bien plus
leur autorité, puisqu'il reprochait sévèrement à certains
accusés de n'en avoir pas profité. Cet argument a été
fortement mis en relief par l'avocat. Il a fini par répondre
à cette objection étrange qu'il y avait fin de non-recevoir
contre les accusés, parce qu'ils n'avaient pas invoqué
l'amnistie devant la cour d'Angers ; cela est vrai, mais
pourrait-on imputer aux accusés qu'eux-mêmes ou leurs
défenseurs n'eussent pas connu les règles de la procédure
aussi bien que M. l'avocat-général ? Les fins de non-recevoir
peuvent faire fortune dans une étude d'avoué, mais non
devant un jury, véritable tribunal qui doit décider de la
justice et de la sainteté du moyen proposé par les accusés ;

et poursuivant cette dernière considération, M° Janvier
a terminé en ces termes :

« L'amnistie n'est pas une question, au moins sous le
rapport de la bonne foi. Or, ce serait frauduleusement la
violer, si les accusés étaient condamnés à la moindre peine,
s'ils n'étaient pas renvoyés vers leur patrie et leur famille,
avec la certitude qu'ils n'y seront pas arrachés de nouveau
au gré de la police.

» C'est-là ce qui leur a été promis, c'est-là ce qui doit
leur être tenu, ou bien, vous l'avez dit, M. l'avocat-général, les promesses des gouvernemens seraient ce qu'il y a
au monde de plus fallacieux.

» Cependant, de nos jours plus que jamais, les gouvernemens ont besoin de prospérer dans la confiance et le respect des peuples.

» C'est le progrès et la gloire de la révolution de juillet,
d'avoir brisé tous les vieux prestiges du pouvoir.

» Désormais il n'a plus aux yeux de personne cette légitimité inviolable, inamissible, à l'abri de laquelle il pouvait en quelque sorte faire le bien et le mal ; désormais il
est rentré sous la grande loi de la création, sous la loi du
travail ; il doit gagner sa vie à la sueur de son front ; il n'a
plus qu'une légitimité conditionnelle et quotidienne ; il doit
se légitimer au jour le jour par la pratique de ces vertus qui
sont plus obligatoires encore pour les gouvernemens que
pour les individus.

» Je voudrais, quant à moi, que les gouvernemens aspi-
rassent aux plus éclatantes, à celles qui subjuguent davantage d'admiration et d'amour ; je voudrais entendre les gouvernemens dire à chaque parti qui les combat : « Je le
forcerai bien à m'admirer et à m'aimer ; je le forcerai à ne
plus s'enquérir misérablement de mon origine, à s'incliner
devant mes œuvres, *et cadens adoraveris me !*... »

» Mais, le moins qu'un pouvoir puisse être, c'est un

pouvoir *honnête homme.* Aussi, le pouvoir qui règne se vante-t-il de l'être.... Je suis, messieurs, jaloux de sa probité; j'y tiens par-dessus tout; ne la lui ravissez pas; conservez-la lui précieusement, c'est la vraie manière de le servir.

» Je ne veux point vous effrayer de la Vendée.... Suivant moi, matériellement elle n'est plus redoutable; mais, plus elle est faible, et plus il serait lâche de la provoquer. En semant la trahison sur cette terre de préjugés mais de droiture, on risquerait d'y recueillir la révolte. Or, ce serait un grand crime d'exciter le peuple à se faire exterminer. Une fois qu'on aurait poussé la Vendée à la folie de l'insurrection, elle ne céderait plus cette fois; pour la soumettre il faudrait l'écraser. Que lui importerait de n'avoir point de chances de victoire; ce serait la résolution désespérée des habitans de Sagonte....... A défaut de ces armes qu'une première fois elle aurait trop crédulement rendues, elle déterrerait les ossemens de ses pères, afin de les briser sur la tête des violateurs de la foi promise : sans doute les os se dissiperaient aussitôt en une poussière impuissante; mais ceux qu'elle aurait couverts resteraient marqués d'une ineffaçable infamie.

» Vous ne ferez pas peser sur le pouvoir une responsabilité dont il ne veut point; rendez nos cliens à la Vendée, et elle saluera en eux des preuves vivantes de cette clémence et de cette loyauté avec lesquelles on termine les guerres civiles.

» De cette sorte, vous aurez donc le mieux accompli vos devoirs envers le gouvernement; mais ce ne sont que les seconds, les premiers sont envers vous-mêmes. Je ne m'inquiète pas de l'intelligence et de l'accomplissement de ceux-ci; il y a en effet au fond de la conscience d'un homme de bien quelque chose d'incorruptible qui ne se laisse pas abuser par de subtiles distinctions. Vainement vous insinuerait-on que n'ayant point participé aux promesses du gouvernement, vous ne serez pas complices de leur violation; messieurs, celui qui achève une trahison est plus solidaire que celui qui l'a commencée (*). Messieurs, j'attends votre arrêt, non avec anxiété, avec impatience, pour entendre les murmures de l'estime publique qui s'élèveront vers vous.... Vous et moi, nous sommes faits ici pour nous comprendre et nous accorder. Je jette au pied de votre tribunal les mots de justice et d'honneur; je suis sûr qu'ils n'y expireront pas d'impuissance. Pour ces mots sacrés, il y a toujours eu partout de l'écho en France ! ! ! »

M. le président Boyard n'a pas interrompu l'avocat dans le développement de principes dont la hardiesse s'alliait à la plus haute modération de langage.

A peine si l'on a pris garde à une conversation de deux ou trois minutes, qui s'est engagée entre M. le président et les deux assesseurs. Le silence gardé par M. le président, après ce court entretien, atteste que la cour n'a pas cru qu'il y eût lieu d'adresser aucun blâme à Me Janvier. Il est possible cependant que M. le président ait eu le temps d'annoncer à ses collègues que dans son résumé il allait réfuter les doctrines de l'avocat; mais la forme de cette réfutation n'a pas pu être délibérée. Toutes les paroles que M. Boyard a prononcées dans son résumé lui appartiennent en propre. Or, M. Boyard, dès son début, a attaqué de la manière la plus vive et la plus amère toute la défense dans le procès actuel, et bientôt il a attaqué Me Janvier personnellement, en se fondant sur deux phrases qui en effet ont été prononcées par celui-ci. Nous les rapportons textuellement:

(*) Me Janvier, dans le cours de sa discussion, avait déjà exprimé la même pensée en ces termes : « Les accusés ne sont assis sur ce banc que par suite d'une surprise odieuse; ils ne seraient condamnés que par un abominable guet-à-pens. »

« *Les accusés ne sont assis sur ces bancs que par*
» *suite d'une surprise odieuse, ils ne seraient condamnés*
» *que par un guet-à-pens abominable.* » Et plus loin :
« *Il y a au fond de la conscience d'un homme de bien*
» *quelque chose d'incorruptible qui ne se laisse pas abu-*
» *ser par de subtiles distinctions. Vainement vous in-*
» *sinuerait-on que n'ayant point participé aux pro-*
» *messes du gouvernement, vous ne serez pas coupables*
» *de leur violation.... Messieurs, celui qui achève une*
» *trahison en est plus solidaire que celui qui l'a com-*
» *mencée... »*

Après avoir répété ces phrases, M. Boyard s'est écrié
qu'il les avait entendues avec douleur et indignation,
qu'elles dégénéraient en injures contre la magistrature, plus
spécialement contre la magistrature d'Angers, et notamment
contre M. Janvier père, conseiller à cette cour, et qui
avait été le juge instructeur dans l'affaire.

Des murmures se sont fait entendre, au milieu desquels
M⁰ Janvier s'est levé, et, du ton le plus calme et le plus
ferme, a demandé à M. le président acte de ses paroles.
M. le président a paru un peu étonné, et a refusé l'acte qui
était demandé, ajoutant : « Vous n'avez pas la parole ! ! ! »
—« Alors, a dit M⁰ Janvier, se tournant vers ses collègues :
» Messieurs, je vais me retirer.... » Aussitôt, non-seule-
ment tous les défenseurs, M⁰ˢ Des Portes, Daudier, de La
Taille, Auguste Johanet, mais tous les avocats et avoués,
soit en robe, soit en habit de ville, se sont empressés de
lui former un cortége, qui est sorti plein de convenance et de
dignité, suivi par la plus grande partie de l'auditoire,
dans laquelle on a remarqué des hommes des opinions les
plus diverses. Une foule de dames ont voulu également
complimenter l'illustre avocat.

Nous devons toute la vérité à nos lecteurs. Nous ne pou-
vons donc taire, malgré notre respect pour la magistrature,

que dans toutes les parties de l'auditoire, surtout dans la partie la plus reculée, on a hué et sifflé itérativement et malgré les injonctions de M. le président, qui a vivement reproché aux sentinelles de ne pas faire leur devoir. Le silence s'est enfin rétabli, et M. le président a pu continuer son résumé dans la salle devenue presque déserte par la retraite spontanée des assistans.

Dès que le président eut terminé son résumé, le public s'empressa de rentrer dans la salle. Deux des avocats sont rentrés aussi, et l'un d'eux, Mᵉ Des Portes, a présenté des observations tendant à faire retrancher le nom de Collet, l'un des accusés, de la question relative à l'article 100, ce qui a été admis.

Le jury est resté une demi-heure en délibération ; il est revenu déclarer, par l'organe de son chef : « *Sur toutes les questions, non, les accusés ne sont pas coupables.* » A cet instant, une triple salve de bravos et d'applaudissemens a éclaté dans toute l'assemblée. M. le président n'a pu dominer le tumulte, et il s'est brusquement retiré.

Dix minutes après, la cour est rentrée. M. le président s'est plaint des marques d'approbation qui venaient de retentir. Il a ensuite donné la parole à M. l'avocat-général, à raison de l'irrégularité qu'il a déclaré exister dans la réponse du jury, sur la question ainsi posée : « *Est-il constant que les accusés aient fait partie de bandes séditieuses sans y exercer de commandement, et ont-ils été arrêtés hors des lieux de la réunion séditieuse sans opposer de résistance et sans armes ?* »

Le ministère public a prétendu, dans le sens de l'observation de M. le président, que la dernière question soumise au jury n'était pas une question de moralité, mais de fait purement matériel, et ne pouvait être résolue que par oui ou non. Mᵉ Des Portes a pris des conclusions formelles, tendantes au maintien de la déclaration du jury, par le

motif que le jury n'était restreint à aucune formule pour
ses déclarations, et que d'ailleurs la réponse était suffisam-
ment explicative de ses intentions, puisqu'elle déniait absolument toute culpabilité.

La cour, après une courte délibération, a rendu un
arrêt conforme aux conclusions de M. l'avocat-général.

Le jury est resté dans sa chambre plus d'une heure.
Au barreau et dans le public, on s'expliquait cette délibération prolongée, par la position critique où l'avoit ré-
duit la cour, de répondre négativement sur un fait matériellement vrai et hautement proclamé par les accusés
eux-mêmes. Le bruit s'est répandu que MM. les jurés avaient
fait demander M. le président. Enfin, ils sont revenus rap-
porter leur déclaration ainsi conçue : « *Oui, le fait (la
présence dans les bandes) est constant; mais, vu les circonstances favorables résultant des débats, le jury recom-
mande les accusés à la clémence de la cour.* »

M. l'avocat-général requiert le *minimum* de l'article 100.

Me Daudier se lève pour déclarer d'abord que les accusés
ne sollicitent point d'indulgence, qu'ils ne veulent que justice; et dans une discussion remarquable par sa clarté
et sa pressante dialectique, il démontre qu'en droit il n'y
a lieu à l'application d'aucune peine, puisqu'il y a déclaration de non-culpabilité sur les questions de complot et
d'attentat, et que dès-lors peu importe la manière dont
est résolue la question d'excuse.

On croyait, ou que le système de Me Daudier allait être
accueilli, ou que la cour allait user à l'égard de quelques-
uns des accusés de la faculté de les mettre en surveillance,
conformément à l'article 100.

Ce qui suggérait cette dernière pensée, c'était la viva-
cité avec laquelle M. le président s'était plaint que les
défenseurs n'acceptassent pas pour leurs cliens le bienfait
de la mise en surveillance.

A la surprise générale, M. le président a prononcé un arrêt qui, en droit, a rejeté les moyens plaidés par M⁰ Daudier; mais en fait, considérant que les accusés n'avaient commis aucuns excès, qu'ils n'avaient point d'antécédens dangereux, etc.; la cour déclare qu'il n'y a lieu à appliquer aucune mesure contre les accusés; en conséquence leur acquittement absolu est prononcé.

Au même instant, spectateurs, jurés, avocats et accusés, ont confondu leurs embrassemens et leur joie.

M⁰ Janvier est bientôt entouré et félicité par de nombreux spectateurs de toutes les conditions, comme il l'avait été quelques instans avant, dans la salle des Pas-Perdus, où la foule avait attendu la fin du résumé.

Jamais triomphe d'avocat ne fut plus mérité ni plus complet; les hommes de tous les partis, nous le répétons, ont témoigné à M⁰ Janvier leur vive sympathie et leur admiration. En un mot, cette scène déplorable de la part d'un magistrat n'a servi qu'à ajouter un fleuron de plus à la couronne de ce généreux avocat dont le libéralisme élevé et la noble indépendance de caractère ont depuis six mois si éloquemment défendu les accusés politiques de l'Ouest.

Nous devons ici consigner un fait sans crainte d'être démentis.

Lorsque M. le président s'est présenté dans la chambre du jury après y avoir été appelé, il s'est convaincu que l'intention du jury était que les accusés fussent à l'abri de toute peine quelconque. M. le président a cru pouvoir prendre envers le jury l'engagement formel que les intentions du jury seraient remplies par l'arrêt de la cour. Sur la foi de cette assurance, MM. les jurés ont rédigé leur seconde déclaration telle qu'elle a été rapportée.

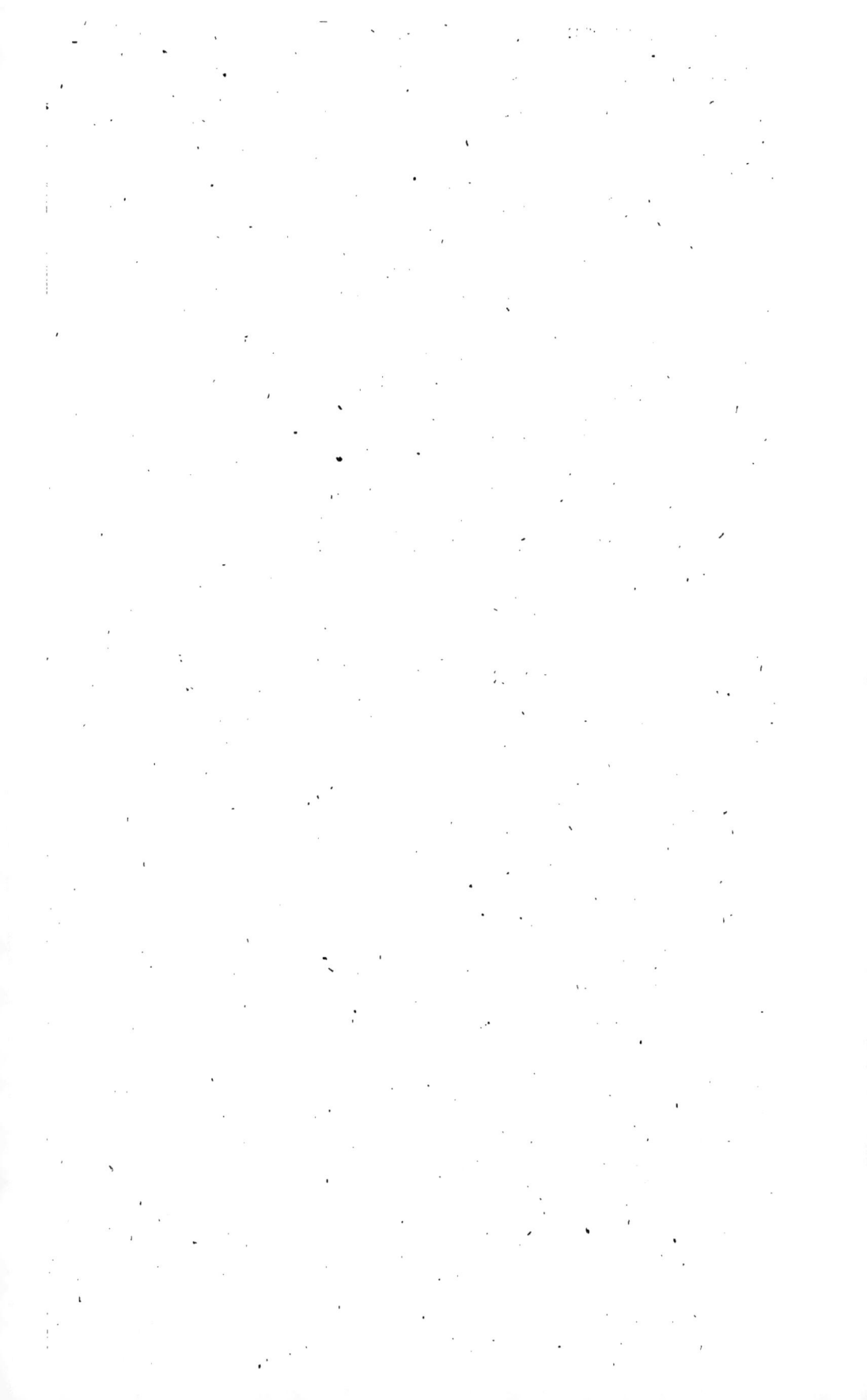

www.ingramcontent.com/pod-product-compliance
Lightning Source LLC
Chambersburg PA
CBHW032253210326
41520CB00048B/3753